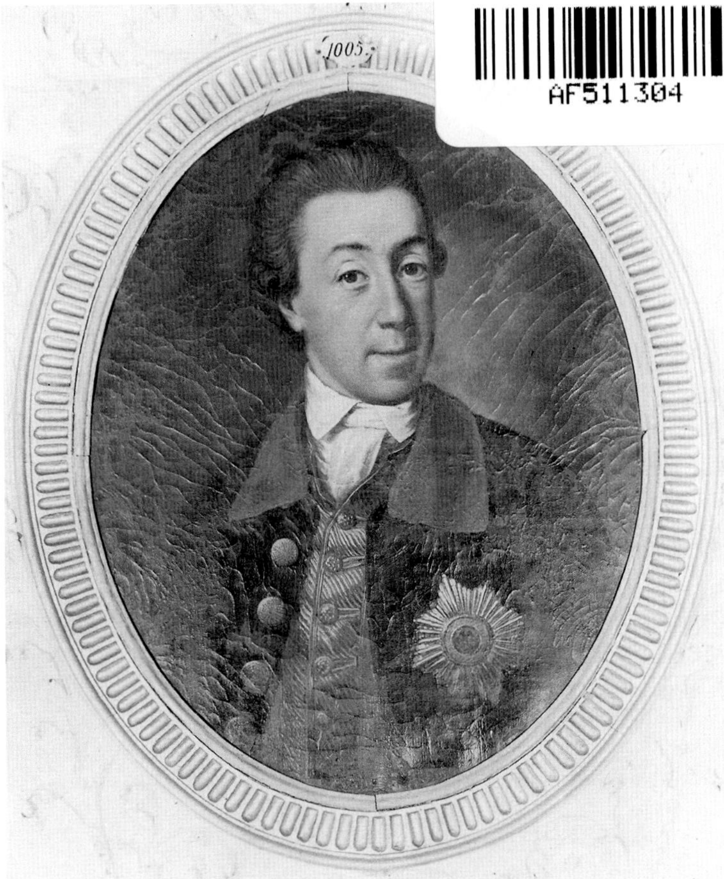

▲ *Franz von Anhalt-Dessau, Ölgemälde von Reinhold Lisiewsky, 1772 (Luisium; 1980 gestohlen und verschollen. Replik in Detmold)*

Franz als Persönlichkeit hervorgebracht, der in seiner geistigen Weitsicht diesen Erdstrich in einen pädagogischen Garten vollendeter Harmonie verwandelte, so wäre das kleine Anhalt es trotzdem wert, im Kanon der deutschen Länder als eines der ersten genannt zu werden«.

Leuchttürme der Aufklärung und Frühklassik

Um es vorwegzunehmen: Dessau-Wörlitz, wie wir das Phänomen des Dessau-Wörlitzer Kulturkreises (und seines seit 2000 in die Weltkultur-Erbeliste der UNESCO aufgenommenen Gartenreichs) heute kurz nennen, ist *praktizierte* Aufklärung. Dies zeigte sich zum Erstaunen der aufnahmebereiten Zeitgenossen auf allen Gebieten des wirtschaftlichen und sozialen Lebens, in der Toleranzpolitik (1/6 der Bewohner waren Juden; die große lutherische und die kleine katholische Minderheit besaßen in dem calvinistischen Land völlige Religionsfreiheit); Armenversorgung und Altersversorgung und vor allem das Schulwesen, das in der Aufklärung und ihrem Erziehungsoptimismus zur »Läuterung des Menschengeschlechts« ins Zentrum aller publizistischen Bestrebungen rückte, enthusiasmierten dementsprechend die Dichter und Denker von Lessing bis Kant, von Goethe bis Hölderlin und Jean Paul.

Wir stellen heute fünf Gesichtspunkte heraus, unter denen die Bildungserfolge dieser pädagogischen Provinz der Aufklärung zu sehen sind:

1. die »pädagogische Revolution« (Kant), die von der Dessauer Musterschule der Aufklärung, dem Philanthropin, ausging und der ganzen Epoche der Schulgeschichte den Namen gab: der Dessauer *Philanthrop(in)ismus*. Der radikale Populäraufklärer und »Ketzer« *Joh. Bernhard Basedow* war von Franz zur Bewunderung der Aufklärerpartei und gegen seinen eignen orthodoxen Klerus von Hamburg, wo er gemeinsam mit *Lessing* gegen den Hauptpastor *Goeze* agitiert hatte, 1771 berufen worden und gründete mit weiterer tätiger Anteilnahme des Fürsten 1774 das Philanthropin. An ihm wirkte in der Folge eine Lehrerschaft, die samt und sonders dem linken Flügel der Aufklärung zuzurechnen ist, wir nennen nur den Elsässer *Johann Simon*, der später den Tuilerien-Sturm anführen sollte und im Erziehungsministerium Condorcets wirkte, *Christian Hinrich Wolke*, der philanthropistisches Gedankengut auch nach Russland verbreitete, die Revolutionssympathisanten *Campe*, *Trapp*, *Spazier* und *J. M. F. Schulze* u. a. Mit *Carl Gottfried Neuendorf* schuf Franz 1785/87 die Landesschulreform eines erstmals

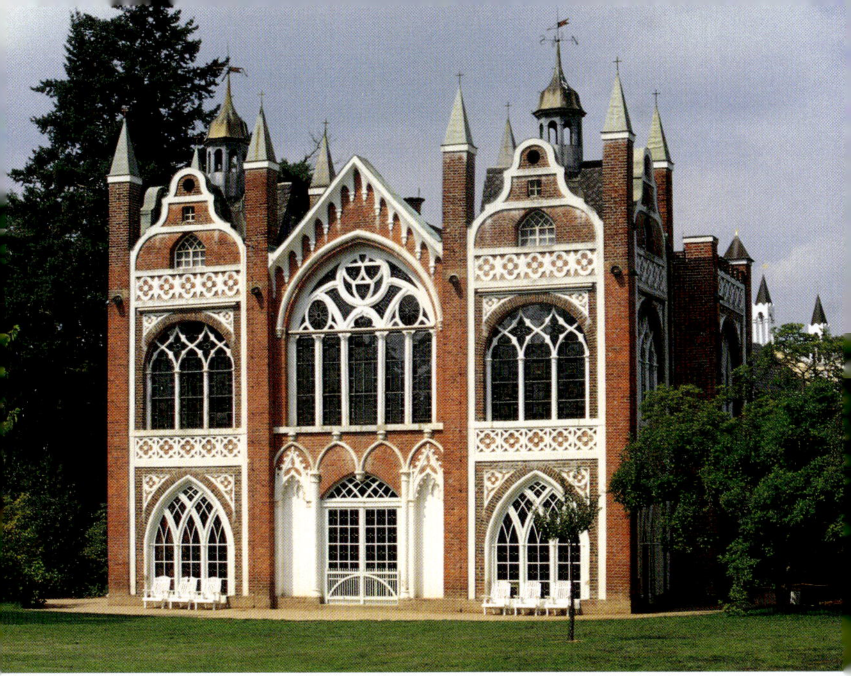

▲ *Gotisches Haus in Wörlitz, Gartenfront*

verstaatlichten Schulwesens. Die Methode ging von der Paukschule und ihrem Verbalismus ab zur Anschaulichkeit, förderte die neuen Sprachen und den naturwissenschaftlichen Unterricht und schuf durch die freiere Haltung der Schüler die sprichwörtliche philanthropinische Fröhlichkeit, die dem Menschenbild der Aufklärung und ihrem Eudämonismus entsprach und die man auch mit der späteren Wanderlust der Romantik in Verbindung bringt, weil

2. Schulsport und Wanderungen eingeführt wurden sowie jährliche Turnfahrten. So wurde *»Dessau die Wiege der neuern Turnkunst«* (Waßmannsdorff), indem hier bereits über 30 Sportarten entwickelt und sogar schon methodisch aufbereitet wurden. Die Turnväter *Jahn*, der uns die sprichwörtlich gewordene Vorbildwirkung der Dessauer Verwaltung überliefert hat, und *GutsMuths* hatten Verbindung zum Des-

sauer Kreis. *Vieth*, der 50 Jahre in Dessau Schuldirektor war, schrieb hier seine berühmte *Encyclopädie der Leibesübungen* und unterlief mit seinem Turnplatz nach dem Jahn-Prozess die berüchtigte Turnsperre.

Vater Franz tat ein Übriges mit der Stiftung des Nationalfestes am Drehberg bei Wörlitz mit Agonen im Pferderennen und Wettläufen der männlichen und weiblichen Dorfjugend, die GutsMuths *»die wiederaufgelebten olympischen Spiele«* nennt und die auch nach moderner Einschätzung der Sporthistorie einen Vorlauf zum Olympismus Coubertins darstellen. Viele Aufklärer, unter ihnen Goethe und die Weimarer, haben das alljährlich am 24. September (Geburtstag der Fürstin Luise) veranstaltete Volksfest, die »Lust am Drehberg«, besucht.

3. Unter Mitarbeit seines »Herzensfreundes« *Friedrich Wilhelm von Erdmannsdorff* ist von Dessau-Wörlitz der kontinentale **Klassizismus** ausgegangen, der in den Bauten des englischen Palladianismus die Vorbilder des geläuterten Geschmacks sah und den »archäologischen Klassizismus« Winckelmannscher Provenienz (s. u.) im Detail-Dekor einbezog.

4. Auch die **Neugotik** wurde durch Franz von England nach Dessau-Wörlitz übertragen und so die »vaterländische« Komponente in die Gärten mit ihrem gewollten Stilpluralismus als Überraschungs- und Bildungseffekt eingebracht. Dadurch wurde das viel frequentierte Dessau-Wörlitz auch Ausgangspunkt dieses ebenso begeistert aufgenommenen Elements, das für Deutschland eine Entdeckung der Aufklärer und ihrer Historiker war (Raspe 1769 und Goethes *Von deutscher Baukunst* 1773) und neben und mit dem Klassizismus die Kunst des ganzen 19. Jahrhunderts wie in einer Art Zweiparteiensystem der Stile beherrschte (Sedlmayer). Franz' Bildungsspektrum reicht somit vom Sturm und Drang (er sammelte außer gotischen Gemälden und Glasfenstern auch Volkslieder wie Herder und Goethe) über die Klassik bis zur Romantik. Außer den englischen und französischen Kathedralen hat er das Straßburger Münster sechs Mal besucht.

5. Dessau-Wörlitz ist durch Franz, den bedeutendsten Gartengestalter des ausgehenden 18. Jahrhunderts, natürlich auch Ausgangspunkt für den »neuen«, den **englischen Gartenstil** auf dem Kontinent. Als **Landespfleger** bescheinigt ihm die Gartenhistorie eine »weltweite

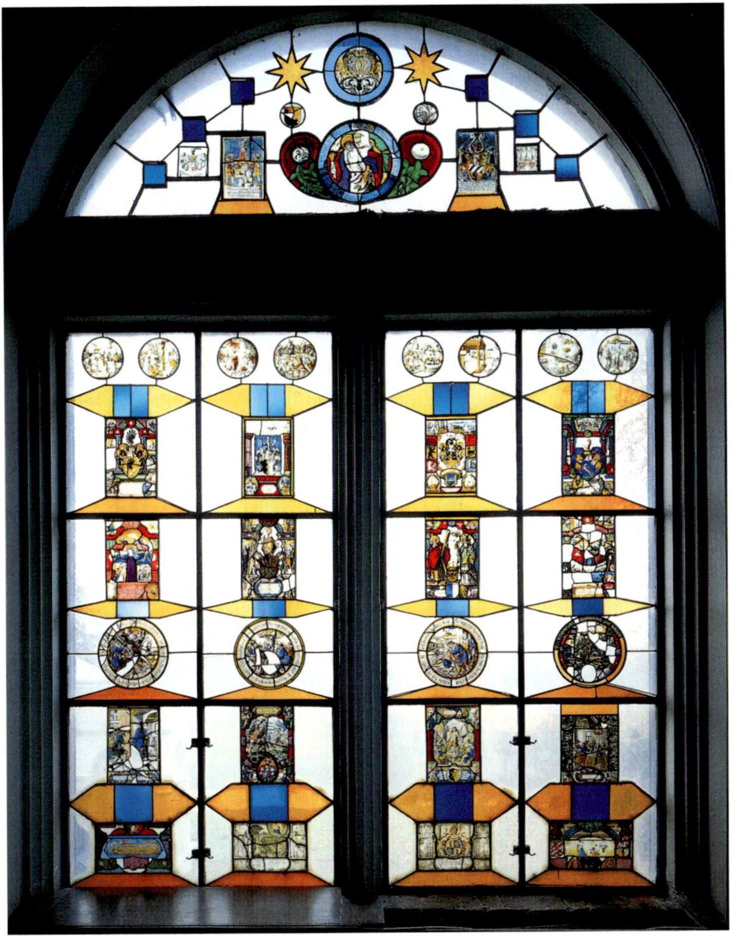

▲ *Glasfenster im Gotischen Haus*

Bedeutung« (Däumel 1961), die in der Aufnahme seiner Schöpfungen in die Weltkulturerbe-Liste nun auch ihre weltweite Anerkennung gefunden hat.

Zur Biografie

Franz von Anhalt-Dessau (das Land umfasste 700 km^2 mit 35 000 Einwohnern; nach dem Anfall Anhalt-Zerbsts 1797 etwa 900 km^2 mit 53 000 Einwohnern) wurde am 10. August 1740 in Dessau geboren. Mit elf Jahren verlor er beide Eltern, so dass die Erziehung durch seine hugenottischen Lehrer nicht nach der üblichen Schablone verlief, sondern frühzeitig auf die neuen Ideen der Aufklärung gelenkt wurde, obwohl sein Großvater auch bei seinem Enkel beizeiten darauf drängte, die militärische Tradition des Hauses fortzusetzen. Urgroßvater und Vater und die Oheime waren ebenfalls Feldmarschälle für Preußens Gloria gewesen. Und abenteuerfreudig zog der Sechzehnjährige in den Krieg, den *Friedrich II.* 1756 vom Zaun brach. Noch vor dem Ausmarsch hatte Franz per Zufall den vier Jahre älteren jungen sächsischen Adligen *Friedrich Wilhelm von Erdmannsdorff* kennen gelernt und bei seinem ausgeprägten Gespür für Begabungen sofort erkannt, dass dies der geeignete Mann als Helfer für seine hochfliegenden aufgeklärten Pläne war (DKV-Kunstführer Nr. 562). Beim Einmarsch in Dresden, der Kulturstadt, aus der Erdmanndorff stammte, kam ihm noch druckfeucht die zweite Auflage der Programmschrift des Stendaler Schustersohnes Winckelmann in die Hand von der Nachahmung der griechischen Werke. Und so drängt es ihn im Feldlager, seine Studien fortzusetzen, den langweiligen Militärdienst »in des Königs Vorkammer« baldmöglichst zu quittieren, und er ließ unter Vorschützen von Krankheit durch seinen Vormund die Entlassung aus der Armee betreiben, die ihm »gnädigst« gewährt wurde.

Aber der König »dankte« Anhalt und seinen Feldmarschällen, die seine Armee groß gemacht und für die schlesischen Kriege gedrillt hatten, indem er das Land mit ungeheuren Kontributionen und mit Aushebungen belegte. Die Kontributionen zahlt Franz mit dem Silber seines Hauses – Tafelgeschirr und sogar Kronleuchtern –, und indem er noch während des Krieges seinen Untertanen das Salz- und Ölgeld und den Fronpfennig erlässt, quittieren ihm das die aufgeklärten Publizisten mit dem Epitheton der Friedensfürst und der Deutsche Aristides, für Basedow ist Dessau »Irenopolis« (Friedensstadt) oder »Franz-

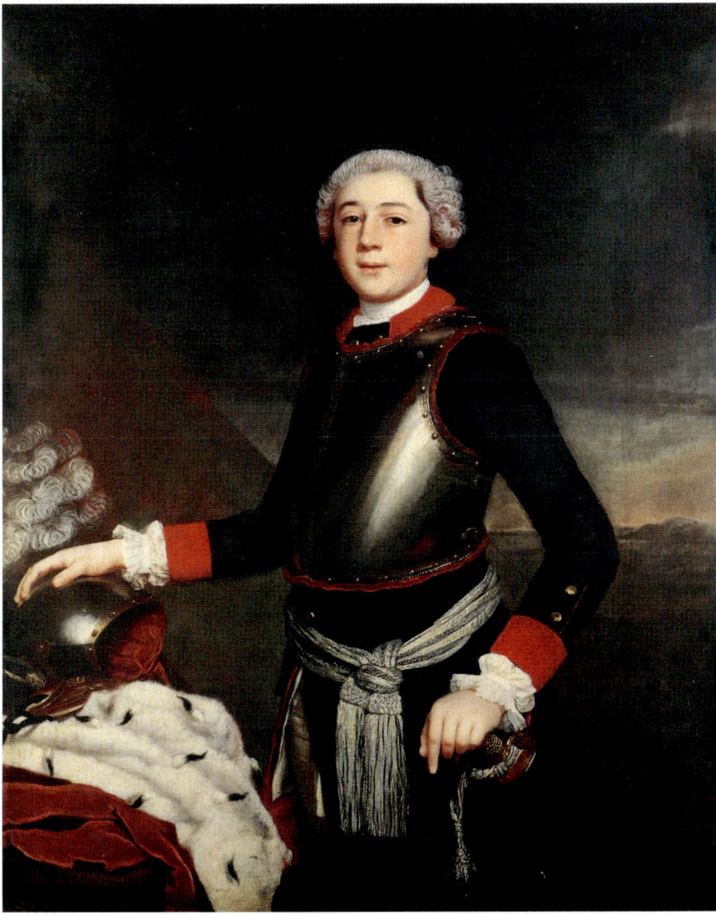

▲ *Franz von Anhalt-Dessau, Ölgemälde von Reinhold Lisiewsky, 1756*

stadt im Freyland«. Als noch die nachfolgenden Notjahre infolge der Überschwemmungen der Jahre 1770/71 die humane Denkweise des »immer thätigen« Fürsten fordern und offenbaren, der die Not durch Arbeitsbeschaffung zu lindern verstand, ist bald auch sein historischer

Beiname entstanden: »Vater Franz« (1777 zum ersten Mal im Druck belegt). Damals ist er 37 Jahre alt und ist schon zu einer Art neuem lebendem Fürstenspiegel avanciert, sein kleines Fürstentum das Musterland der aufgeklärten Propaganda, »Fremde holen sich Kunst und Weisheit aus ihm« (Reinhold Forster?). Er selbst schafft den Deutschen Fürstenbund »der Guten aus uns«.

Inzwischen hat er mit Erdmannsdorff die fortgeschrittensten Länder Europas bereist, Holland, die Schweiz, vor allem aber immer wieder England, das er auf vier Reisen ungefähr zweieinhalb Jahre studierte. Für sein Kunstwollen wird auch die Italienreise zu Winckelmann wichtig, dem er bis zum Lebensende ein treu ergebener Schüler bleibt mit seinem archäologischen Klassizismus, und so Winckelmanns Ideen in die Tat umsetzt, und noch auf seinem Sterbelager lässt er sich aus der *Geschichte der Kunst des Altertums* vorlesen. Doch er war kein Träumer: Die wieder eingekehrte Not des Krieges hatte ihn 1813 einen ganz modern anmutenden Arbeitsnachweis einrichten lassen, und seine letzten Worte waren: »Haben auch alle Arbeit und Brot? Man muss für Arbeit sorgen, darauf kommt alles an!« Am 9. August 1817 ist er im Luisium an den Folgen eines Reitunfalls (vermutlich eine Nierenquetschung) nach fast 59 Regierungsjahren gestorben.

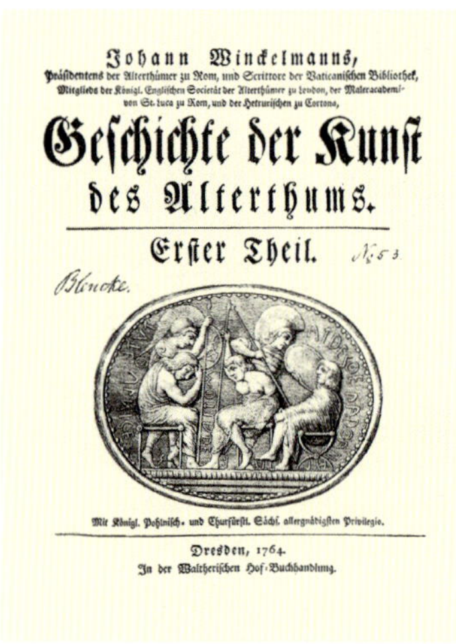
Johann Winckelmanns,
Präsidentens der Alterthümer zu Rom, und Scrittore der Vaticanischen Bibliothek,
Mitglieds der Königl. Englischen Societät der Alterthümer zu London, der Maleracademie von St. Luca zu Rom, und der Hetrurischen zu Cortona,
Geschichte der Kunst des Alterthums.
Erster Theil.
Mit Königl. Pohlnisch- und Churfürstl. Sächs. allergnädigsten Privilegio.
Dresden, 1764.
In der Waltherischen Hof-Buchhandlung.

▲ *Titelblatt von Winckelmanns ›Geschichte der Kunst des Altertums‹*

Verheiratet war Franz mit seiner Cousine, der hochgebildeten und künstlerisch begabten aber leider auch sehr empfindsamen *Luise Henriette Wilhelmine von Brandenburg-Schwedt* (1750 bis 1811). Aus einer vorehelichen Verbindung, mit der er unter Verzicht auf den Thron nach England gehen wollte, stammt das Geschlecht der Grafen Waldersee, und aus einer von Luise

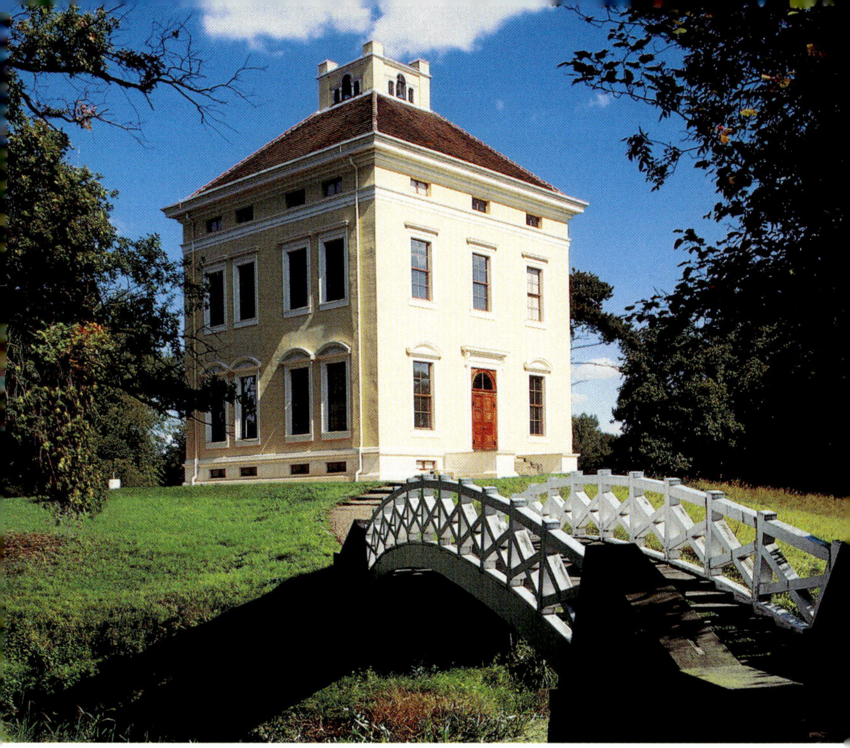

▲ *Schloss Luisium*

gestifteten und von Lavater und Goethe gebilligten Nebenehe mit der Tochter seines Gärtners *Schoch* hatte er weitere drei Kinder, die als »von Beringer« geadelt wurden. Die Ehe mit Luise wurde dabei durchgehalten, sie wollte regierende Fürstin bleiben. Luise starb 1811, im gleichen Jahr verlor Franz seine Brüder *Johann Georg* (Hans Jürge, der Schöpfer des Georgiums) und *Albert*, der einem Raubüberfall im Schloss Kühnau zum Opfer fiel; der einzige legitime Sohn, der Erbprinz *Friedrich*, starb 1814. Das Fürstenpaar liegt in dem beachtlichen Mausoleum, das an der Jonitzer Kirche angebaut ist: ein ins Monumentale gezogener klassizistischer Grabstein, der durch eine der Sichtachsen zu sehen ist, die als Acht-Strahlen-Stern vom Schloss Luisium ausgehen.

Eine chronologische übersichtliche Nebeneinanderstellung nur der wichtigsten Bauten in beiden Stilen, wie sie der Verfasser in seinem Neugotik-Heft 1987 gegeben hat, zählt an die hundert Bauten auf. Franz ist damit ein Vorläufer der Kunstkönige des 19. Jahrhunderts in Preußen und Bayern, *Friedrich Wilhelm IV.* und *Ludwig I.*, die als Kronprinzen seine Werke eingehend studiert haben; Ludwig hat drei Jahre nach seinem Dessau-Besuch nicht nur das Drehbergfest nach München übertragen (denn am Anfang des Oktoberfestes standen ursprünglich ebenfalls Pferderennen), sondern noch in seinem letzten Regierungsjahr 1847 den (Alten) Südlichen Friedhof in München nach dem Vorbild des Dessauer Neuen Begräbnisplatzes erweitert (der Trinitatis-Friedhof in Dresden ist ebenfalls eine Nachschöpfung, und Goethe hat ihn literarisch in den Wahlverwandtschaften nachgestaltet, so sehr entsprach auch diese Dessauer Schöpfung dem ästhetischen Empfinden der Aufklärung). Vor allem aber haben Ludwig und Friedrich Wilhelm IV. für die Ausbreitung der großflächigen Landschaftsgestaltungen gewirkt, indem z. B. der letztere 1845 *Peter Joseph Lenné* beauftragte, Berlin und Potsdam durch eine Gartenlandschaft nach Dessauer Muster zu verbinden.

Aber nicht Schloss Wörlitz war Franz' erster Großbau sondern das viel bewunderte Armen- und Arbeitshaus (1766–70) am Eingang der nach Süden erweiterten Stadt in der Franzstraße. (Überflüssig zu sagen, dass das Medizinalwesen hervorragend organisiert wurde und die ärztliche Versorgung durch die fürstlichen Leibärzte für die ärmere Klasse und selbst für durchziehende Bettler kostenlos erfolgte.) Der 1958 gesprengte Bau war wie Wörlitz erstmals mit den Accessoires seines von Winckelmann inaugurierten Stilwollens versehen: Die Fensterfaschen waren den Prachtbänden des Engländers *Robert Wood* über die griechisch-römischen Städte Syriens, Palmyra und Baalbek, entnommen. Die Insassen schritten durch das Portal des Tempelhofes von Baalbek so, wie man Schloss Wörlitz durch ein Portal aus Palmyra betritt. Bezeichnend und für die Aufklärer aufregend auch die Tatsache, dass man nicht von Schloss Wörlitz sondern nur vom Neuen

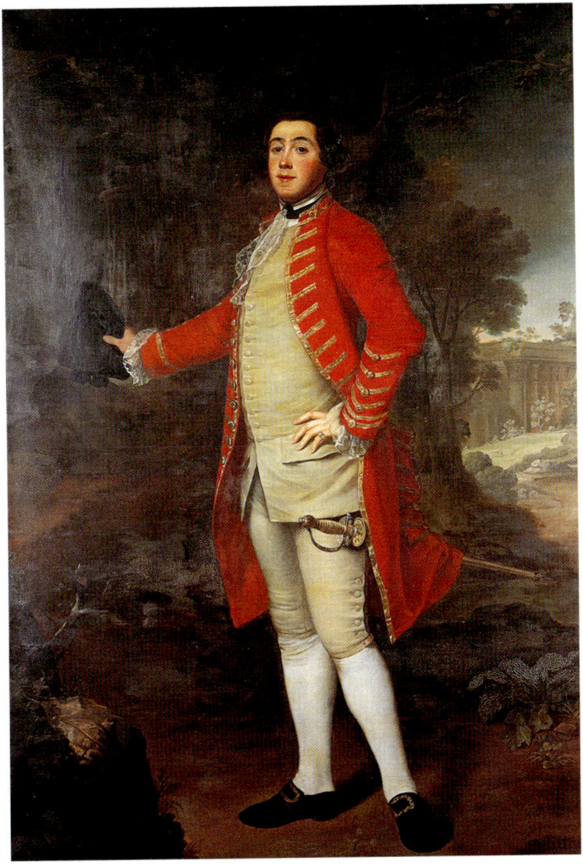

▲ *Franz von Anhalt-Dessau, Gemälde von Anton von Maron, 1766*

Hause sprach; das ist sicher von England übernommen, wurde aber den Dessauern als Bescheidenheit ausgelegt, und tatsächlich bricht dieser Bau in Deutschland mit allem Althergebrachten: Denn Wörlitz (1769–73) gleicht eher einer englischen Bankiers- oder Fabrikantenvilla wie man sie z. B. in Stourhead House (Wiltshire) der Bankiersfamilie Hoares fand (einer der wichtigsten Anregungen für die Wörlitzer

Gesamtschöpfung) zu einer Zeit, da noch Monstrebauten wie Friedrichs Neues Palais in Potsdam oder Hohenheim mit ihren Höfen und Seitenflügeln errichtet wurden.

Schloss Wörlitz wurde von der zeitgenössischen Architekturtheorie und -kritik den Hofbaumeistern zum Muster vorgestellt, und Dutzende von Nachbauten entstanden auf dem Kontinent, Wörlitz war in aller Munde. Und nichts ist bezeichnender, als dass sich Friedrich II. 1777 indigniert darüber äußert, es scheine in Berlin keinen andern Gesprächsstoff zu geben, als dass sich der Fürst von Dessau (der *Princillon*, wie er meint spötteln zu müssen) ein neues Schloss gebaut habe: Der preußischen Militärdespotie und dem Großmachtstreben Friedrichs ward von den Zeitgenossen das **Dessau-Wörlitzer Gartenreich** entgegengestellt – das war eine Alternative für die Aufklärer aller Schattierungen. Mit dem »griechischen« Schlossbau, dem Gotischen Haus und dem Chinesischen Haus (und Garten) in Oranienbaum, mit vielen weiteren Nachschöpfungen hat Franz dann in der Folgezeit in seinem Gartenreich ein regelrechtes diachronisches **Museum der Weltkultur** geschaffen.

Aber auch *»Das ganze Land ein Garten«* lesen wir in vielen begeisterten Schilderungen zeitgenössischer Zeitschriften, Journale, Reisetagebücher, Briefen: Dieser Eindruck entstand in der durch die Schafzucht geprägten Auenlandschaft mit ihren Eichensolitären durch die landschaftlich gestalteten **»Gartenlandstraßen«**, von denen zwanzig nachgewiesen werden können. Sie verbanden die vielgerühmten Schlossgärten zu Kühnau und Georgium im Westen Dessaus, im Osten der Stadt der Lustgarten mit seinem aufwändigen Kulturprogramm und Denkmal des Pantheismus (s. u.) und dem Garten unterm Schloss, dem erst 1992 beseitigten Gestänge und der Muldpromenade, dem Promenadenwall (das waren die ersten »Bürgergärten« Deutschlands), dem Luisium, dem Sieglitzer Berg und endlich den **Wörlitzer Anlagen**: bezeichnend auch diese zeitgenössische Benennung des Wörlitzer Parks, der keiner ist, denn Park setzt allein schon Abgeschlossenheit voraus – davon gleich. Der Wörlitzer Garten besteht tatsächlich nur aus Anlagen, im Wesentlichen Galeriepflanzungen, die um riesige landwirtschaftliche Nutzflächen angelegt sind (auch Lenné spricht nur von

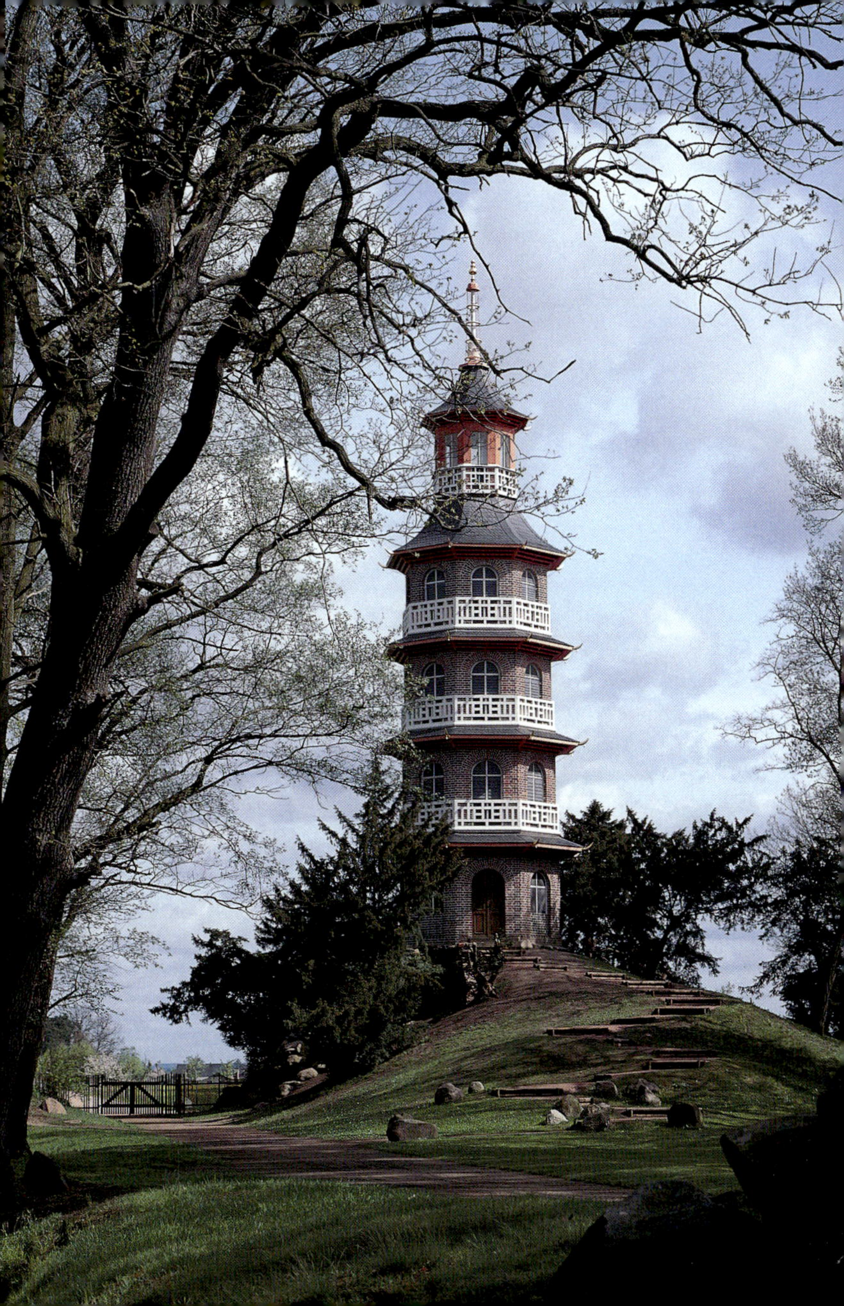

den *Dessauer Anlagen*): Es war nicht zuletzt diese betonte Wirtschaftlichkeit, die sich sogar in einer Landwirtschaftsmusterschau beim Gotischen Hause ausdrückte, die den in hohem Grade utilitaristisch eingestellten Zeitgenossen so imponierte. Das blühende Rapsfeld, das wogend reifende Kornfeld sind bewusst eingesetzte Stilmittel: Wenn man das nicht weiß, mögen dem Besucher die eingestreuten Feldflächen als nicht fertig gestellter Park erscheinen.

Der Aufklärer Franz hat bei alledem ganz bewusst eine pädagogische Provinz geschaffen, und da hatte jeder überall Zutritt, ja die Gebäude und sogar die fürstlichen Kabinette standen auch dem ärmsten Judenjungen offen, wie *Ludwig Philippsohn* bezeugt, wo nach dem Willen des Fürsten und wieder in Nachfolge seines Lehrers Winckelmann der Geschmack gebildet werden sollte und gebildet wurde (auch wenn das große Unbequemlichkeiten für die fürstlichen Bewohner mit sich brachte!). Und die sprichwörtlich »gebildeten Dessauer« sind wohl der schönste Beleg für den Erfolg des Pädagogen auf dem Thron. Die Geschmackserziehung wurde auch durch die Gründung der **Chalkographischen Gesellschaft** gefördert – sie schuf Kopien berühmter Gemälde in Kupferstichen nach dem Geschmackskonzept Erdmannsdorffs und des Fürsten zu für das bürgerliche Publikum erschwinglichen Preisen. Geschmacksbildung suchte Franz endlich auch durch die Gründung des noch heute berühmten Theaters zu fördern.

Die **Gartenlandstraßen**, in großartigen Schwüngen geführt, um aus den Kurven stets wechselnde neue Landschaftsaspekte zu gewinnen, waren mit je zwei Reihen Frucht- und wilden Bäumen, vielfach auch mit Pappeln gesäumt. Hier wandelte der Besucher des Gartenreichs in duftendem Schatten (so mehrere zeitgenössische Äußerungen) auf den so genannten **Unterwegen**, wenn im Sommer die Pferde und Kutschen auf den reich frequentierten Straßen den Staub aufwirbelten. Franz hatte den Zustand der Straßen nach denselben Zeugen zu den bestunterhaltenen im Römischen Reich ausgebaut. Die dichter gestalteten Schlossgärten waren der Gipfel, auf den die Gartenkunst nach dem Urteil des selbstgärtnernden Kenners *Charles Joseph de Ligne* zulief, der in seinem berühmten Gartenwerk auch die **Gartenlandgestaltung** als das humane Anliegen des Fürsten Franz herausstellt. Was

»Toleranzblick« von der Goldenen Urne auf die Synagoge und St. Petri in Wörlitz ▶

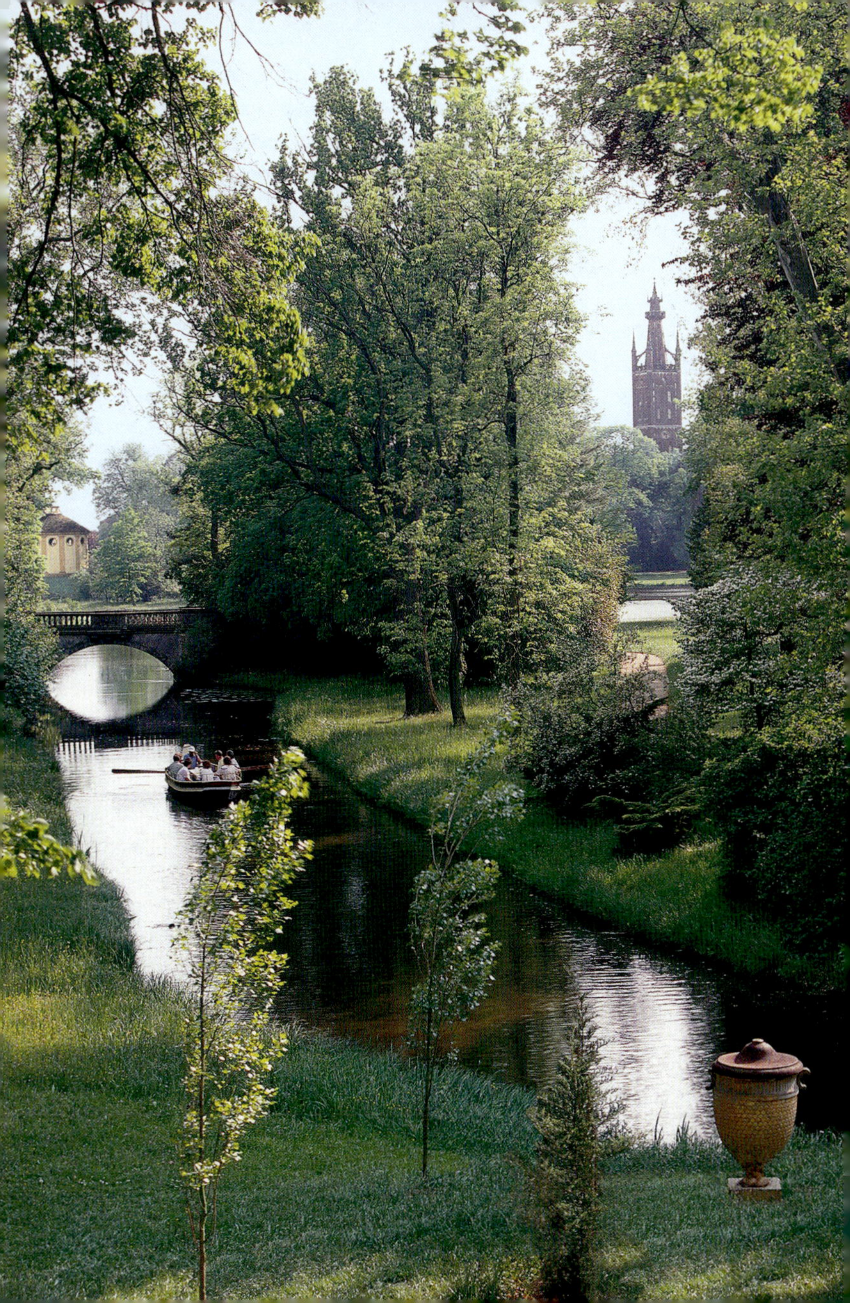

Franz und seinen Gärtnern, die freilich nur die Zeichner seiner Pläne und die Planteure waren, in der Gestaltung gelungen ist, übertraf bei dem Ideenreichtum seiner Bildungsprovinz die englischen Vorbilder nach dem Urteil moderner Gartenhistoriker besonders in den geistreich gestalteten Sichtachsen.

Wir greifen nur zwei Beispiele aus den Wörlitzer Anlagen heraus, einmal den **Sichtenfächer** (ein Terminus, den *Harri Günther* geprägt hat) vom Gotischen Hause nach Norden unter Franz' Arbeitszimmer, wo im überstreckten Winkel links und rechts (nicht mehr voll möglich, da bei der Erneuerung der Seitengebäude des Gotischen Hauses diese nicht mehr so schräg gestellt wurden wie ursprünglich) die Natur-Ovation der Rousseau-Insel auf der einen, der Warnungsaltar mit der Aufforderung zur Erhaltung der Natur auf der andern zu sehen war – das erste Naturschutzmonument der Welt. Dazwischen erscheinen in ständigem Wechsel der Stile das dreigegliederte klassisch-palladianisch geprägte Große Wallwachhaus Mittelhölzer, die neugotische Gruppe des Palmenhauses und der Hofgärtnerei, dann frontal gegenüber der klassische Floratempel, die mystische Partie an der Kettenbrücke, der Venustempel und der neugotische Kuhstall. Der zweite Fächerblick geht vom Wall oberhalb der Goldenen Urne (sie ist kein bloßes Requisit sondern wirkliches Grab einer Tochter des Fürstenpaares) zum Kirchturm und zur Synagoge, die gleichberechtigt nebeneinander stehen. Es ist die in die Landschaft umgesetzte Ringparabel aus Lessings *Nathan* (Lessing war nach Winckelmann Franz' Lieblingsautor), weshalb wir diesen Fächer den »Toleranzblick« nennen; aber wieder in einem überstreckten Winkel sehen wir links das Pantheon, das Wachhaus zum Pferde (das Relief eine Allegorie auf Winckelmanns Tod), den Warnungsaltar und jenseits des Sees das Mädchen mit der Muschel, die Südfront des Gotischen Hauses, den Floratempel, die Diana, die Agnes- (ursprünglich Dreh-)brücke, die Hohe oder chinesische Brücke und endlich das Monument, das Denkmal der Fürsten des seit 1603 selbstständigen Hauses Anhalt-Dessau, gekrönt von der aus Rom mitgebrachten antiken Säule als Schlusspunkt seines »archäologischen Klassizismus«. Doch ist an jedem Wallknick, jeder Wegbiegung, jeder alten Sitzbank und besonders von den erhöhten Brückenbögen auf diese

Sichtbeziehungen zu achten – wir können die 150 Sichten, die es ursprünglich einmal waren und von denen allein auf den Venustempel 40 zielten, hier natürlich nicht beschreiben. Die Venus-Allegorie spielt eine zweifellos wichtige Rolle, weil sich die Askanier (die sich auch biblisch von den Ashkenasi herleiten) ihre Abstammung auf Iulus-Ascanius, den Sohn des Aeneas und Enkel der Venus, zurückführen und somit auch den Iuliern, den römischen Kaisern, verwandt wären, die sich auf die gleiche hohe Abkunft beriefen.

Dies hat Franz gewiss mit Augenzwinkern in wundervollen Landschaftsbildern imaginiert; noch wichtiger sind zu Bildungszwecken die dialektisch-historischen Programme, die sich zwischen den Anlagen finden, z.B. das **Brücken-Programm**, indem Franz bei den zahlreichen Kanalüberquerungen eine Entwicklungsgeschichte des Brückenbaus gestaltet hat, die von der Furt und einem einfach über den Bach gelegten Baumstamm über römische, chinesische, venezianische, Inka- und Palladiobrücke bis zur letzten Konstruktion, der Eisernen Brücke (Ironbridge/Coalbrookdale über den Severn) führt und technische Varian-

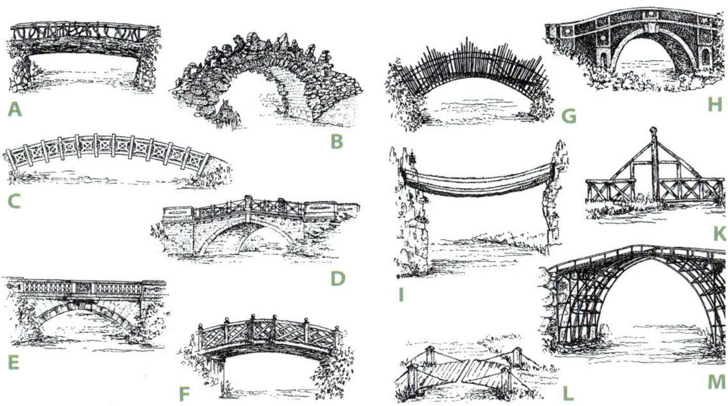

▲ *Die Wörlitzer Brückenhistorie:*
A *Urform,* B *Chinesische Brücke,* C *Renaissance: Palladiobrücke,* D *Venezianische Brücke,* E/F *Barockbrücken,* G *Inkabrücke,* H *Römische Brücke,* I *China/Schweiz: Kettenbrücke,* K *Holland: Drehbrücke (Agnesbrücke),* L *Holland: Zugbrücke,* M *England: Eiserne Brücke (Ironbridge, Coalbrookdale)*

ten wie Zug-, Dreh-, Ketten-, Haus- und Schwimmbrücke mit einbezieht. Auf der **Felseninsel Stein** hat man den Einheimischen, die nicht reisen konnten, ein anschauliches Erinnerungsbild des Ausflugs nach Neapel geschaffen, auch zu Sir William Hamilton, dessen Villa Emma nachgestaltet ist; und sogar den Vesuvausbruch wollte man nachspielen, den die Dessauer Reisegesellschaft auf dem Kraterrand mit Angst und Schrecken im Februar 1766 erlebt hatte. Wenn auch der Vulkan nur zu hohen »Staatsbesuchen« der befreundeten Fürstenhäuser rauchte – auch Goethe war dabei und hat den Stein sogar in sein Skizzenbuch getuscht – so war doch auch das Volk immer mit von der Partie. Der Romantiker Novalis sah darin auch die Fingalshöhle nachgestaltet, und so gab der »Wunderfelsen« vielen Spekulationen Nahrung, sogar zur Freimaurerei, die man auch im »ägyptischen Keller« des Pantheons zu sehen meint, was jedoch in beiden Fällen auszuschließen ist, da Franz ihr dezidierter Gegner war.

Das sprechendste Beispiel eines solchen pädagogischen Programms ist das so genannte **Pantheon**, eine Umsetzung der *Geschichte der Kunst des Altertums* Winckelmanns: Auf der im mystischen Dunkel des Sockelgeschosses im Elbwall verborgenen ägyptischen Kunst baut sich im lichten Hauptgeschoss die klassische griechische Kunst (eine Musengruppe mit dem Apollo Musagetes) auf, über der im Umlauf des Obergeschosses die römische aufsetzt. Auch das Gebäude selbst, das man nicht von dem berühmten römischen herleiten darf, ist die Adaption eines spätrömischen Podiumtempels vor der Porta maggiore, der mit pantheistischer Gläubigkeit tatsächlich *allen Göttern* (= gr. Pantheon) der Antike und der Landschaft gewidmet ist.

Und dieser mit Händen zu greifende synkretistische Pantheismus hat auch in Erdmannsdorffs und Franz' Lustgartenschöpfung am Dessauer Stadtschloss Gestalt gewonnen (beider Werk ist selten zu trennen): Aus dem Marstallhof ging man gewissermaßen durch zwei ägyptische Pylonen ins Allerheiligste des griechischen Stadion-Festplatzes (hier durfte jeder reiten, und die jungen Philanthropisten lernten hier Reiten, also immer die Franz'sche Devise: *Das Nützliche mit dem Schönen* oder wenigstens *Bildenden*). Die Südseite der Pylon-Pavillons zeigt in den Interkolumnien der Tempelfassaden neben antikischen Quell-

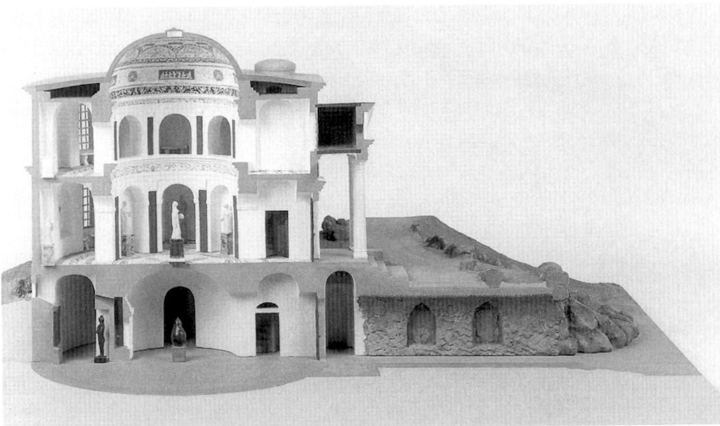

▲ *Pantheon, Modell: Umsetzung von Winckelmanns ›Geschichte der Kunst des Altertum‹*

nymphen die beiden Flussgötter Elbe und Mulde, die dem Lande Gestalt und Reichtum gegeben, deren Gewalten man aber auch die nötige Huldigung zu schulden meinte. Und ein solches Lehrprogramm hat Franz auch an einem der vielen Hochwasserschutzdämme im Wörlitzer Raum gestaltet: An einer Walldurchfahrt steht wie beim römischen Limes der Wachtturm (ein Wallwachhaus), davor der Graben (der als Viehtränke und Fischaufzuchtgewässer dient); die Palisade davor bilden lebende Eichen, welche die barbarischen Gewalten, die bei der Frühjahrsschmelze als Eisblöcke von Norden auf den Deich und die Kulturlandschaft anstürmen, abbremsen sollten.

Kein Wort weiter vonnöten über den Geschmacks- und Gestaltungswandel, den Franz' berühmte Gartengestaltungen europaweit auslösten; wir greifen nur das eine Motiv heraus, das soeben genannte Stadion, das sich noch weitere drei Male im Gartenreich fand: Es wanderte von hier nach Potsdam (Charlottenhof) und noch in Gustav Meyers Berliner Bürgergärten, z. B. in den Treptower Park (heute sowjetischer Soldatenfriedhof). Dessauer Gärtnersöhne wurden nach überallhin verpflichtet. Pückler, der anderthalb Jahre in Dessau die Schulbank

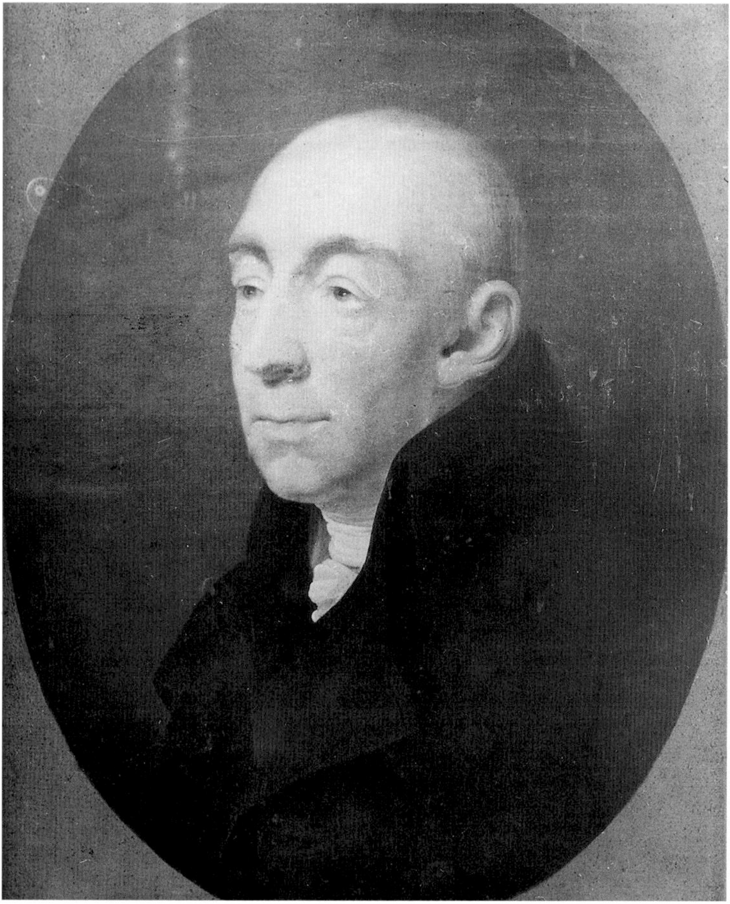

▲ *Franz von Anhalt-Dessau, Ölgemälde von Johann Heinrich Beck, 1810 (verschollen)*

drückte, blieb von Franz' Parkschöpfungen für sein Lebenswerk sicher nicht unbeeinflusst. Die Höhe oder Tiefe der Dessauer **Bildungsparke** wurde in diesem Maße freilich nie wieder erreicht. Der große Land-